NOTICE SUR LA VIE

DE M.

C. PERRODIN

Curé de Coligny

Chanoine honoraire de Belley

LONS-LE-SAUNIER

IMPRIMERIE ET LITHOGRAPHIE JULES LANÇON

rue Saint-Désiré, 20

1872

M. C. PERRODIN.

NOTICE SUR LA VIE

DE

M. C. PERRODIN

Curé de Coligny

Chanoine honoraire de Belley

LONS-LE-SAUNIER

IMPRIMERIE ET LITHOGRAPHIE JULES LANÇON

rue Saint-Désiré, 20

1872

M. L'ABBÉ C. PERRODIN.

AVANT-PROPOS.

En rédigeant cette Notice, je n'ai pas eu l'intention d'écrire un livre pour le public ; j'ai voulu seulement conserver le souvenir d'un oncle vénéré qui nous honore autant qu'il nous a édifiés.

Puisse la mémoire de ce glorieux confesseur de la foi, conservée avec respect, transmettre à ses neveux et perpétuer jusqu'aux dernières générations les traditions de foi, de piété et d'attachement à la religion qui inspire tant de vertus, et à l'Eglise qui donne de tels ministres !

Rillieu, 1er novembre 1872, fête de la Toussaint.

L'abbé Jh PERRODIN.

M. PERRODIN.

I

Naissance, enfance, premières études.

Claude Perrodin naquit le 14 juin 1762, au petit hameau de Tarcia, paroisse d'Epy (Jura). Il était le plus jeune des sept enfants d'une famille éminemment chrétienne et de tout temps distinguée par sa probité et ses sentiments religieux (1). Son père, Taurin Perrodin, propriétaire-cultivateur, jouissait de la considération de toute la contrée : il avait mérité par son intelligence, son instruction et sa probité, d'être élu échevin. Sa mère, Agnès Cousança, était digne de son époux et par sa famille et par ses qualités.

Formé à la vertu, dès ses premières années, par les soins pieux de ses parents, il eut le bonheur de trouver au foyer domestique les meilleurs exemples et les plus saines traditions.

---

(1) Voir aux Notes.

Après l'acte si important pour l'enfance chrétienne de la première communion à laquelle il apporta une admirable préparation de cœur et de bonne volonté, le jeune Claude témoigna le désir de se consacrer à Dieu dans l'état ecclésiastique. Ses vertueux parents, loin de contrarier de si bonnes dispositions, résolurent de les favoriser : pour cela ils le mirent en pension à Coligny, chez Madame Lacroix, d'où il allait prendre les leçons d'un maître particulier. Cette digne femme l'aimait comme son enfant ; aussi garda-t-elle un bon souvenir de lui, et fut elle heureuse, à la fin de sa longue vie, de l'avoir pour pasteur et de recevoir par son ministère les suprêmes consolations de la religion.

Cependant, peu satisfait des soins et des leçons de ce magister, il demanda à entrer au collége de Cuiseaux dirigé par deux ecclésiastiques du plus haut mérite, MM. Goy et Fumey. L'enseignement public lui fut favorable ; il y trouva une excitation dont sa nature timide avait besoin. Aussi, ses progrès, sous ses nouveaux maîtres, furent-ils rapides. Sans être un sujet brillant, il fut toujours un bon élève, tenant un des premiers rangs dans sa classe : en rhétorique il eut le prix de discours français.

Au collége comme à la maison paternelle, notre élève eut le bonheur de conserver l'innocence de ses mœurs et un goût très-prononcé pour sa vocation.

II

Séminaire, prêtrise.

Pendant ses cours de philosophie, de physique et de théologie au séminaire de St-Claude, dirigé par les PP. Carmes, la piété exemplaire du jeune lévite, son amour du travail, son aménité de caractère, ses manières affables, lui méritèrent bien vite l'estime et l'affection de ses supérieurs aussi bien que l'amitié et les sympathies de ses condisciples.

Enfin, aux Quatre-Temps de mars 1788, l'abbé Perrodin reçut de Mgr Jean-Baptiste de Rohan-Chabot, évêque de Saint-Claude, le caractère sacerdotal qu'il porta pendant cinquante-sept ans avec un profond sentiment de sa grandeur et de ses redoutables obligations. Qu'il fut beau, m'a souvent répété un témoin de cette cérémonie, qu'il fut beau le jour où il monta pour la première fois à l'autel, dans l'église de sa paroisse, entouré de sa famille heureuse, de sa mère chérie, de ses frères, de sa sœur bien-aimée, de ses jeunes neveux et de ses nombreux amis ! C'était le dimanche de la Passion.

III

Vicariat, Révolution.

Le nouveau prêtre commença le ministère sacerdotal à Pressiat, alors du diocèse de Saint-Claude, auprès d'un vénérable curé infirme, M. Guignard. Il n'y passa que onze mois, et fut appelé, en qualité de vicaire, à St-Lupicin, sous la direction de M. Durand, de Coligny, qui, au titre de curé, réunissait celui de grand-vicaire du diocèse. Le jeune vicaire exerça le saint ministère dans cette paroisse qui offre encore tant de consolations à ses prêtres, avec un dévouement digne d'éloges et d'admiration. Il avait pour collègue un compatriote, M. l'abbé Richet, de sainte mémoire. Deux ans s'étaient à peine écoulés depuis la promotion de l'abbé Perrodin au sacerdoce, lorsqu'arriva le moment qui allait lui fournir l'occasion de déployer toute l'énergie de sa foi et de son caractère. L'année 1790 venait de s'ouvrir : l'Assemblée nationale, infidèle aux principes de *liberté* et d'*égalité* qu'elle avait proclamés l'année précédente dans sa *Déclaration des Droits de l'homme*, précipitait la France, avec une rapidité effrayante, vers la tyrannie et les horreurs de 1793. Elle se montra de jour en jour plus hostile à l'Eglise, car, après l'avoir dépouillée de ses biens temporels, elle commençait à attaquer son dogme et sa discipline par la suppression des vœux monastiques qui devait être bientôt suivie de la *Constitution civile du clergé*. Cette Constitution, fondée sur les plus grandes erreurs, était impie et schismatique ; elle fut condamnée par plusieurs bulles du pape Pie VI.

L'instruction de M. Perrodin, sa foi, sa soumission à l'Eglise romaine, et peut-être aussi le contact des prêtres vertueux et éclairés avec lesquels il avait le bonheur de vivre, l'avaient mis à l'abri de ces doctrines subversives. Il était loin de regarder le bouleversement que la philosophie préparait, comme une ère de bonheur, une réforme qui se bornerait à rétablir une juste harmonie dans la société, en détruisant les abus et les prérogatives de certaines classes. Sa conscience lui disait trop qu'un prêtre ne pouvait prêter le serment demandé sans manquer à sa foi et à son Dieu ; c'est dire qu'il le refusa. Le serment exigé, confondant à dessein la constitution politique avec la constitution civile du clergé, était conçu en ces termes : « Je jure de maintenir de tout mon pouvoir la Constitution du royaume décrétée par l'Assemblée et acceptée par le roi. » Cette formule captieuse fit tomber dans le schisme bien des prêtres qui croyaient restreindre leur serment aux objets purement civils. — Voici celui que présenta le vicaire de St-Lupicin à la place de celui qu'on lui demandait : « Je jure d'être fidèle à la Constitution en tout ce qui ne sera pas contraire à la religion catholique, apostolique et romaine dans laquelle j'ai eu le bonheur de naître, et aux promesses de mon baptême dont je ne me départirai jamais. » Bien entendu ce serment ne fut pas accepté. Dès-lors il dut s'attendre à la persécution ; elle ne tarda pas.

Un prêtre constitutionnel, Vizet, vint bientôt chasser les pasteurs légitimes. M. le curé de St-Lupicin se retira à St-Claude où il se tint caché quelque temps avant de passer en Suisse. M. Richet avait déjà pris le chemin de l'exil. Fuir était aussi pour l'abbé Perrodin le parti le plus sûr ; mais il montra plus de courage. Comment, en effet, quitter tant de pauvres âmes qui vont se trouver délaissées dans ces jours mauvais ! Tant de fidèles qui n'auront pas même à l'heure de la mort les secours spirituels que semblait avoir mérité leur fidélité constante ! Cette pensée touche son cœur de prêtre ; il se décide à rester encore, attendant le péril sans le braver et fuyant la mort sans la craindre. Forcé d'abandonner le presbytère au curé intrus, il se réfugia au prieuré habité autrefois par St. Lupicin et continua à dire la messe et à faire des instructions dans une chapelle de l'église où les catholiques se portaient en foule, repoussant la doctrine et le ministère du prêtre schismatique. Ce pasteur mercenaire, infidèle à son Dieu, pouvait bien aussi violer les droits sacrés de l'humanité. Il demanda l'éloignement de M. Perrodin, sous prétexte que sa présence divisait la population et produisait des troubles dans la paroisse. L'autorité communale lui signifia l'ordre de partir ou de prêter le serment exigé par la loi.

Depuis ce moment le bon prêtre n'était plus en sûreté : un soir son habitation fut investie par quelques patriotes, partisans de l'intrus. Il allait être saisi, lorsqu'un des vigoureux catholiques qui veillaient sur lui, dissipa la bande avec un gros tison enflammé. Dès-lors, voyant qu'il n'était pas possible d'exercer le saint ministère, même en secret, et qu'il ne pouvait rester à St-Lupicin sans danger pour lui et pour ceux qui lui donnaient l'hospitalité, il se décida à s'éloigner. Il eut cependant le courage de reparaître à l'église : il adressa aux fidèles des avis touchants, leur recommanda de rester inébranlables dans la foi. Quand il prononça le mot d'adieu, des sanglots couvrirent sa voix, et c'est avec peine qu'il s'échappa, pour ainsi dire, des bras de ces bons catholiques. Pour lui, quel déchirement d'abandonner une population qu'il aimait et dont il était tant aimé !

IV

Retraite à Epy.

L'abbé Perrodin, malgré le danger qu'il court, ne peut se résoudre à quitter la France. Accompagné de deux militaires fédérés, excellents catholiques, il se retire à Epy, sa patrie, où il espère faire encore quelque bien. C'était le 22 juin 1791, jour de l'arrestation de Louis XVI à Varenne. — En passant à Arinthod, il est arrêté, insulté, maltraité, condamné à se rendre à Orgelet emmené par douze fusiliers, pour comparaître devant le district. Conduit sous une telle escorte, il courait le danger d'être massacré le long de la route ou à son arrivée dans la ville. Mais la Providence qui veillait sur lui, permit qu'arrivât ce jour même à Arinthod le président du district : c'était un prêtre constitutionnel. Le prisonnier demanda à paraître devant lui. Le président lui reproche de n'avoir point prêté le serment, d'exercer le ministère sans mandat du département et d'être porteur de la bulle du Pape qui condamnait la Constitution et les prêtres constitutionnels. L'accusé répondit avec noblesse et fermeté qu'il se glorifiait de n'avoir pas prêté le serment schismatique ; qu'il ne reconnaissait pas à l'autorité civile le droit de l'empêcher d'exercer son saint ministère. « Quant à la bulle du pape, dit-il au président, si c'est un crime de la posséder, vous devez être aussi coupable que moi ; car vous devez l'avoir, et elle doit être votre règle aussi bien que la mienne. » Celui-ci murmura : « Je n'en fais pas le même usage que vous. »

Enfin, après une discussion vive et fort désagréable, on prit la décision que Celui qui dirige les cœurs pouvait seul inspirer de lui délivrer un sauf-conduit pour se rendre dans sa famille ; mais il fallut auparavant envoyer à St-Lupicin un de ses compagnons chercher un certificat. Déjà son frère aîné, averti de son arrestation, s'était empressé d'aller l'arracher des mains des démagogues. A son arrivée à Epy, il eut la douleur de trouver le vénérable curé, M. Poirier, frappé de paralysie ; M. Mayet, vicaire, avait été obligé de fuir en exil ; la paroisse désolée était privée de pasteurs. Les catholiques de cette religieuse population allèrent en députation auprès de l'autorité départementale à Lons-le-Saunier pour demander que leur compatriote, M. Perrodin, demeurât auprès d'eux pour y exercer le saint ministère. L'autorisation fut accordée avec peine et avec des restrictions ridicules : dans toutes les annonces qu'il faisait et pour toutes les fonctions qu'il remplissait, il devait dire : *M. le curé me charge de...* Néanmoins le bon prêtre était heureux de pouvoir être utile au vénérable vieillard qui avait dirigé son enfance, et de travailler à consoler, encourager, affermir dans la foi, diriger dans la bonne voie ses nombreux parents et amis.

Mais au bout de trois mois arriva le curé intrus, Lémare. Tous les fidèles, unis dans la doctrine de leurs pasteurs, appelés au son de la cloche, s'étaient assemblés devant la cure, disposés à refuser, à maltraiter peut-être, ce mercenaire. A ce moment l'abbé Perrodin revenait de porter les sacrements à quelques malades : il emploie tout son ascendant à calmer l'agitation de cette foule indignée et à l'empêcher de se porter à quelque violence regrettable. Lémare, qui avait été son condisciple, l'apercevant au milieu des groupes où il cherchait à apaiser les esprits, va droit à lui pour l'embrasser. Mais le prêtre fidèle, voulant montrer qu'il n'avait point de commerce avec le schisme, détourna la tête et évita l'accolade. Plus tard, en racontant ce fait, il citait cet adage : *Ad evitanda scandala, non est dicere ave hœreticis* : pour ne point scandaliser il ne faut pas saluer les hérétiques.

Cependant, cette population persistait dans ses protestations contre le curé constitutionnel et refusait de consentir à son intrusion. Tous criaient : « Nous avons nos pasteurs orthodoxes, nous ne voulons pas de prêtres schismatiques. » Lémare effrayé, déclare qu'il n'insiste pas et qu'il va reprendre le chemin d'Orgelet. Des femmes le suivent à plus d'un kilomètre. Tremblant au milieu de cette singulière escorte, il laisse tomber son chapeau ; il n'ose le relever craignant d'être assailli à coups de pierres s'il se baisse. Il renouvelle le serment de ne pas revenir, et la liberté lui est laissée. Mais bientôt, sur un rapport adressé au directoire du district de la réception qui lui avait été faite, il obtint d'être reconduit à Epy et protégé durant deux mois par quarante soldats de la République, logés, nourris et payés aux frais des familles signalées par leur attachement aux doctrines catholiques. L'éloignement de l'abbé Perrodin était aussi une condition de son retour.

V

Retraite à Saint-Lupicin.

Le zèle de la religion qui consumait ce digne prêtre et l'emportait dans son cœur sur l'amour si naturel de sa propre conservation, lui conseillait de rester caché à Tarcia au milieu de cette population si dévouée ; mais la prudence, pour lui et pour sa famille, exigeait qu'il partit. Il obtint du directoire départemental l'autorisation de retourner à St-Lupicin où tant de cœurs l'appelaient. Il se réfugia au château de Buclan, près de la Bienne, qu'il habita pendant trois mois. Les catholiques discrets savaient seuls son retour au pays; ils l'aidaient avec intelligence dans son périlleux ministère auprès des nouveaux-nés, des malades et des fidèles qui désiraient participer aux sacrements.

Mais l'heure de l'exil était venue.

VI

Départ, Exil.

Le torrent révolutionnaire s'avançait de plus en plus menaçant ; l'abbé Perrodin ne pouvant plus être utile, se décida à quitter le sol de la patrie et à se rendre sur une terre étrangère afin de mettre à l'abri une vie qu'il voulait conserver pour la consacrer toute entière au salut de ses frères. Il s'achemina vers la Suisse en septembre 1792. Que de dangers il courut sur les frontières où des agents semblaient veiller pour repousser sous la guillotine ou pour égorger eux-mêmes les victimes sacerdotales qui tombaient sous leurs mains ! Guidé, comme le jeune Tobie, par son ange gardien en qui il avait toujours eu une vive confiance, il évita la mort que lui préparaient les sbires de la révolution. C'est sous la même protection qu'il échappa à la fureur d'un taureau paissant au milieu d'un troupeau de vaches, près d'un chalet, dans les montagnes du Jura.

Les forces physiques de ce vaillant soldat de J.-C. n'égalaient pas la vigueur de son âme ; il arrive à Genève brisé par ses émotions, exténué de fatigues.

Au souvenir de la patrie, de ses parents, de ses ouailles, il tombe en défaillance. En vain un médecin déclare qu'il est sérieusement malade, qu'il lui faut absolument quelques jours de repos, le gouvernement genevois le contraint à partir de suite et à continuer sa route vers Fribourg ; il prend place dans une voiture publique. Il emmenait avec lui un charmant petit chien, *Loulou*, qui lui était très-attaché et dont les caresses et la fidélité lui eussent été de quelque consolation dans l'exil ; mais on ne voulut pas le recevoir dans la diligence. Le pauvre petit animal suivit longtemps la voiture ; à la fin, n'apercevant plus son maître, il rebroussa chemin et alla le chercher à St-Lupicin. Il le demandait à tous les lieux où il avait l'habitude de le suivre, à toutes les personnes qui lui donnaient l'hospitalité. Quelle inquiétude pour ses amis à la vue de ce chien fidèle sans son maître ! Et pour lui, quelle peine de penser aux tristes conjectures qu'on devait faire sur son compte ! Comment s'instruire et se rassurer mutuellement ? Les correspondances étaient dangereuses, impossibles par les voies ordinaires ; mais la Providence qui n'abandonne pas les siens dans les plus rudes épreuves, inspira, dans les tristes et difficiles circonstances où on se trouvait, un moyen de correspondance aussi simple qu'ingénieux : c'était d'écrire avec du lait sur de la soie blanche. Cette écriture présentée au feu devenait suffisamment lisible. Ce stratagème fut très-utile aux exilés et à leurs amis. Les prêtres s'en servaient pour écrire aux fidèles, les encourager et les conserver dans les bonnes doctrines.

A son arrivée à Fribourg, il trouva l'évêque de St-Claude, le curé de St-Lupicin, son confrère M. Richet, M. Mayet, vicaire d'Epy et plusieurs autres prêtres de sa connaissance. Le gouvernement du canton lui assigna pour résidence Ferlens, hameau de Massonans. Il fut reçu chez un nommé Rey, riche propriétaire-cultivateur. Cette religieuse et charitable famille le traita, pendant quatre ans, avec tous les soins et toutes les délicatesses de l'hospitalité chrétienne; elle était heureuse de posséder ce prêtre si bon, si pieux; elle attribuait à ses prières la prospérité et les bénédictions que le Seigneur répandait sur elle et sur tous ses membres. Aussi voulut-elle conserver avec lui jusqu'à sa mort une correspondance où se manifestaient les sentiments de l'amitié la plus tendre et de la vénération la plus profonde. Je garde une lettre qu'on lui adressait en 1837, et je me souviens d'avoir vu, en 1822, en son presbytère de Courmangoux, deux membres de cette honorable famille.

Cependant, les douceurs que l'abbé Perrodin trouvait sur la terre d'exil n'étaient pas capables de lui faire oublier la patrie. Son cœur est tout entier où il sait qu'il y a des malheureux à secourir, des consolations et des encouragements à donner, des âmes à sauver. Il écrit bien à ses chers fidèles par le procédé dont j'ai parlé ; mais ce n'est pas assez, il brûle du désir de retourner auprès d'eux. En attendant, il se rend utile autant qu'il peut au curé de la paroisse de Massonans où il célèbre la messe tous les jours ; il fait le catéchisme ; il instruit les enfants de son hôte. « Que de fois, disait-il plus tard, que de fois, comme les Israélites captifs, nous chantions, les larmes aux yeux et dans le cœur, le psaume : *Super flumina Babylonis....* »

Avec quelle joie, quel bonheur il reçut un jour la visite de son frère François, qui avait franchi les montagnes pour porter au pauvre exilé les consolations et les secours dont il avait besoin loin de la famille et de la patrie !

VII

Rentrée en France, Apostolat.

Après la chute de Robespierre, des jours plus sereins et plus heureux semblaient luire sur l'Eglise de France. M. Perrodin, n'écoutant que son zèle, franchit les frontières. Son dévouement sacerdotal ne lui permit pas de calculer les dangers auxquels il s'exposait en rentrant dans sa patrie où les échafauds étaient encore dressés en certains endroits pour les ministres du Seigneur. Qu'ils étaient admirables ces hommes revenant de l'exil avec la couronne de confesseur pour exercer les fonctions de missionnaire! Que de sacrifices à faire! Que de maux à endurer de la part des révolutionnaires dans ce nouveau genre d'apostolat! Pourchassés de pays en pays, ces prêtres malheureux n'avaient souvent pour tout abri que l'épaisseur des forêts ou le creux des rochers, trop heureux lorsque le pauvre resté fidèle à la religion de ses pères, voulait bien partager avec eux son pain et son grabat. Ce n'était qu'à la faveur de la nuit et de divers déguisements qu'ils pouvaient porter des secours spirituels aux familles chrétiennes et donner quelques consolations aux malades et aux mourants.

Cet état de choses dura près de dix ans ; et le digne prêtre dont nous parlons eut une large part dans la série des maux qu'il produisait.

Sa première visite fut pour sa famille. C'était sans doute pour satisfaire les besoins de son cœur ; mais c'était aussi pour remplir auprès d'elle les devoirs de son saint état. Car, ses parents, catholiques sincères, ne pactisaient pas avec le schisme et refusaient le ministère du prêtre infidèle. Son frère aîné, qui avait subi la prison pour n'avoir pas présenté au curé constitutionnel une enfant qui lui était née, s'empressa de la faire baptiser. Cette enfant, âgée de trois ans, n'avait pas de nom : on l'appelait *la fille*. Elle est devenue Françoise Perrodin, mère de M. l'abbé Noël, curé de St-Julien. Plusieurs autres familles profitèrent aussi de sa présence pour réclamer les secours religieux qu'ils ne voulaient pas recevoir de l'intrus.

Mais il avait hâte de se rendre auprès des fidèles désolés de St-Lupicin et des autres paroisses dont les supérieurs ecclésiastiques lui avaient confié l'administration. Il alla demander un asile à Pierre-François Lançon, qui, honoré de la préférence du zélé missionnaire, l'accueillit avec joie dans sa ferme du Pertuis-Louveret. Cette ferme, dont le nom indique assez la position sauvage, avait été choisie pour lui servir de retraite plus sûre dans ses courses apostoliques ; on espérait qu'il y serait moins exposé aux recherches et aux poursuites des ennemis de la religion. A son arrivée, l'habitation fut disposée de manière à prévenir toute surprise de la part de l'ennemi : secrets pour l'ouverture et la fermeture de toutes les portes, issues dérobées pour s'échapper dans le besoin, réduits ou cachettes introuvables, rien ne manquait pour la tranquillité du confesseur de la foi. On lui procura tout ce qui était nécessaire pour la célébration des saints mystères. Et pour plus de sûreté, on se mit d'intelligence avec d'autres familles disséminées dans d'autres fermes isolées des environs, le Lac d'Antre, les Amourandes, Champier, Tré-la-Roche, les Turés, afin qu'il y trouvât un refuge dans le cas de nécessité. Ajoutons qu'on pouvait compter sur le dévouement et l'intelligence de chaque membre de la famille Lançon. Toutes choses ainsi disposées, le fils aîné Lançon, Claude-François, est spécialement chargé d'accompagner partout l'intrépide apôtre, qui, du Pertuis-Louveret étendait à tous les environs son divin ministère, errant de chaumières en chaumières, pénétrant au chevet des mourants, consolant les fidèles, fortifiant les forts, réchauffant les tièdes, distribuant à tous le pain de la parole, mais souvent manquant du strict nécessaire et passant quelquefois les nuits dans les forêts ou les lieux écartés. Par son zèle et son activité il se multipliait et se rendait partout où son ministère pouvait être de quelque utilité. Les montagnes les plus escarpées, les neiges, les torrents, les agents de la tyrannie ne pouvaient l'empêcher de porter les secours de la religion dans les hameaux les plus éloignés, les fermes les plus reculées où il était appelé presque toutes les nuits. Cent fois néanmoins il se félicita du parti qu'il avait pris à la vue du bien qu'il faisait.

De toutes les vallées voisines on accourait auprès du saint missionnaire qui était occupé sans relâche à confesser, baptiser, bénir les mariages, visiter les malades, prêcher, catéchiser, enfin à remplir toutes les fonctions sacerdotales. Que de mourants lui doivent leur entrée au ciel !

Malgré les précautions prises pour mettre à couvert de toutes les suspicions la maison qui servait de retraite à M. Perrodin et à quelques autres prêtres de passage, elle devint néanmoins le point de mire des révolutionnaires. Le bruit s'étant répandu que la ferme du Pertuis-Louveret recélait un prêtre insermenté, des archers de la République furent envoyés et arrivèrent un matin au moment où il se disposait à dire la messe. Mais la porte d'entrée ne s'ouvrant qu'à ceux qui savaient le secret, les Lançon eurent le temps de faire évader le prêtre par une issue dérobée. Comme la fouille se faisait très-minutieusement, on craignit que les vases sacrés, les reliques et les ornements sacerdotaux ne fussent découverts, on employa une ruse qui força honnêtement les gendarmes à abréger leur opération : comme la saison était froide, on les invita à se chauffer près d'un poêle, dans la chambre même de M. l'abbé. Ils se rendirent à cette invitation ; mais bientôt une fumée épaisse s'échappant du poêle qu'on avait rempli de broussailles humides et dont on avait bouché le tuyau, se répandit dans toute la maison et les obligea d'évacuer le poste. Alors le prêtre, qui avait grimpé au haut du rocher voisin d'où il apercevait ce qui se passait, les voyant descendre par le sentier qui les avait amenés, rentra et célébra paisiblement la sainte messe.

Une autre visite domiciliaire fut faite quelques mois après et ne fut pas plus heureuse pour les commissaires de la persécution. M. Perrodin était encore couché ; au premier signal du danger il se leva et s'introduisit dans sa cachette tout à côté du lit qu'il quittait. La mère de M. l'abbé Lançon, nouveau-né, se glissa avec son enfant dans la couche abandonnée : les inquisiteurs ne trouvant dans cette chambre qui leur avait été indiquée pour celle du prêtre qu'une mère et son enfant, crurent qu'ils étaient mal renseignés et se retirèrent sans s'imaginer que derrière l'alcôve était celui qu'ils cherchaient.

Il faut noter qu'un des juges du tribunal révolutionnaire de Lons-le-Saunier, qui passait pour terroriste et qui avait vendu aux Lançon la ferme du Pertuis-Louverot, les prévint souvent des perquisitions qui devaient se faire, afin qu'ils fussent sur leurs gardes.

Après avoir échappé aux piéges des hommes, le ministre de Dieu tombait dans d'autres périls auxquels l'exposaient les fonctions de son ministère. Une nuit, revenant de Ravillole, avec son conducteur habituel, il fut suivi, pendant tout le trajet, environ huit kilomètres, par deux énormes loups aux yeux flamboyants. Cette escorte n'était pas rassurante. Un instant, les deux voyageurs eurent peur ; mais pour se raffermir, ils se disaient que cette compagnie était moins à redouter pour eux que la rencontre de deux gendarmes ou de deux clubistes forcenés.

Le fidèle petit *Loulou*, perdu sur la route de Genève à Fribourg, était retourné à St-Lupicin et avait été reçu au Pertuis-Louveret. Quelle joie de revoir son maître ! Il ne le quittait plus ; il le suivait partout ! Hélas ! un matin M. l'abbé revenait de porter les secours religieux à un moribond ; le petit animal était avec lui : un loup le saisit et l'emporta dans la forêt, malgré les cris du maître et de son conducteur.

La présence de M. Perrodin dans la paroisse de St-Lupicin servait beaucoup à ranimer la confiance des habitants qui n'avaient pas participé au schisme et à raviver la foi chez ceux qui s'étaient laissé ébranler par les déclamations astucieuses et mensongères des révolutionnaires. La longue absence des bons prêtres et la privation des secours religieux avaient excité dans un grand nombre de famille une soif ardente des choses saintes. C'est pourquoi ceux qui pouvaient assister à la sainte messe, entendre la parole de Dieu et se réconcilier par le sacrement de Pénitence, quoiqu'il fallut faire de longs trajets de nuit, à travers les montagnes escarpées, les rochers et les forêts, s'estimaient plus heureux que si on les eût comblés de richesses.

La chambre qui servait de chapelle était devenue beaucoup trop petite pour contenir, dans les solennités, le nombre des bons catholiques qui accouraient de toutes parts. On prit le parti, pour célébrer plus dignement et avec plus de pompe la fête de la Translation des Reliques de St. Lupicin qui tombe le premier dimanche de juillet, de faire les offices au milieu de la forêt de sapins. On choisit, pour cela, dans l'épaisseur du bois, un petit monticule appelé le Crêt-Rond, près la Grand-Combe, au sommet duquel se trouvait une clairière. Le matin de la fête, cet espace était transformé, comme par enchantement, en une église spacieuse toute tendue de draperies blanches. Un autel se dressait à une extrémité ; un tableau, tel qu'on pouvait l'avoir alors, était placé au-dessus : c'était plusieurs grandes images collées sur une toile. — Ce tableau existait encore en 1845 et était conservé précieusement. — A dix heures l'assemblée est formée ; on y compte environ mille personnes. L'office est célébré avec la gravité des cérémonies et des chants en usage dans les temps où la religion habitait paisible dans ses temples. Le saint sacrifice est terminé par la bénédiction du T. S. Sacrement donnée avec l'ostensoir. Il est facile de se figurer le recueillement, la piété, l'émotion, pendant toute la cérémonie, de cette foule accourue de tous les points pour goûter le bonheur d'entendre la messe. L'office terminé, les fidèles se dispersèrent, l'église disparut, il n'en resta que l'emplacement.

Déjà, un grand nombre d'adultes avait eu la joie de participer aux sacrements ; les malades avaient reçu les dernières consolations de la foi ; les enfants avaient été régénérés par le baptême. Mais combien étaient privés de la connaissance des premiers éléments de la religion et avaient grandi dans l'ignorance des vérités du salut ! Ceux-ci deviennent encore l'objet de la sollicitude et du zèle du missionnaire. A des jours indiqués il va donc à travers les montagnes, dans les maisons où il savait devoir être à peu près en sûreté, tantôt dans l'une, tantôt dans l'autre ; et là, au milieu de ces néophytes qui étaient venus l'y attendre, il se livre aux fonctions de catéchiste. Au bout de quelque temps, un grand nombre était en état d'être admis à la première communion.

Enhardi par le succès de son premier essai de solennité où tout s'était passé d'une manière édifiante et sans trouble, il conçut le projet de donner à cette auguste cérémonie toute la splendeur possible dans ces jours de désolation pour le christianisme. Pour cela, il improvisa une église dans la forêt de sapins, non plus sur le même mamelon, mais à la crête du rocher qui domine le Lac d'Antre. Là, l'espace permettait la construction d'une vaste basilique : des draperies décrivaient l'enceinte ; de hautes tiges de sapins ébranchés formaient les nefs par leurs nombreuses colonnes et semblaient soutenir une voûte azurée.

Au jour convenu, qui ne pouvait être mieux choisi, l'Assomption de la très-sainte Vierge, patronne de la France, quatre-vingts adolescents des deux sexes, de la paroisse et des environs, furent admis pour la première fois au banquet divin. Plus de trois mille personnes témoignaient par leur présence et leur recueillement que leur foi était aussi vive et aussi pure que l'air de leurs montagnes ; plusieurs partagèrent le bonheur de leurs enfants et reçurent le pain des forts, le froment des élus. Les échos des montagnes et de la forêt répétèrent les chants du *Veni Creator* et des cantiques. Bientôt le Dieu du ciel, chassé de ses temples de la terre, descendit sur l'autel rustique pour se donner à ces âmes ferventes Ne semble-t-on pas voir le Sauveur Jésus nourrissant dans le désert, par la multiplication des pains, la multitude qui l'y avait suivi ?

Les vêpres furent chantées immédiatement et suivies du renouvellement des promesses du baptême. M. l'abbé Chavériat, de Moirans, revenu aussi de l'exil, donna une touchante instruction, et la cérémonie se termina par la bénédiction du Très-Saint Sacrement et le *Te Deum*. Quelle journée bénie du ciel et de la terre ! quelle fête pleine d'émotions ! Les vieillards pleuraient à ce spectacle qui leur rememorait les anciens jours ; les vrais chrétiens se sentaient plus pénétrés d'amour pour le culte proscrit auquel le mystère, le danger bravé et le devoir accompli, malgré les obstacles et les menaces d'une loi impie, donnaient de nouveaux charmes ; les femmes surtout se retrempaient avec délices dans cette piété qui est un des besoins du cœur.

Une manifestation religieuse aussi éclatante ne pouvait être ignorée des archers de la police révolutionnaire ; quelques-uns, la rage dans le cœur, rôdaient autour. Mais que faire contre l'attitude et la foi de cette population religieuse ? Ils jugèrent prudent de ne se livrer à aucune démonstration hostile.

Cette même année 1798, M. l'abbé Perrodin fit aussi célébrer solennellement la fête patronale de la paroisse, la Nativité de la Ste Vierge : il y eut offrande de cierges, pain bénit, comme dans les temps heureux ; cinq cents personnes assistèrent à la messe. Cette fois, une masure à Tré-la-Roche servit de chapelle.

Durant ses missions pénibles et périlleuses, M. Perrodin fit constamment paraître toutes les vertus sacerdotales : une charité parfaite, une humilité profonde, une douceur et une patience inaltérables, une haute piété jointe à un grand dévouement pour le salut des âmes.

Son séjour dans la famille Lançon a été regardé par elle comme une source de bénédictions spirituelles et temporelles. Tandis que d'autres familles ont mal réussi et se sont éteintes, celle-là, toujours religieuse, s'est continuellement agrandie et n'a cessé de prospérer. De son côté, le cœur du bon prêtre ne pouvait oublier les soins et les services qu'il avait reçus au Pertuis-Louveret. Il ne négligea aucune occasion de témoigner à ses hôtes sa reconnaissance pour la générosité si cordiale et le dévouement si courageux dont il avait été l'objet durant quatre ans et il leur donna jusqu'à la fin de sa vie des marques d'une vive et sincère amitié fondée sur de si émouvants souvenirs. Le fils de son conducteur a été élevé par lui et par ses soins. C'est M. l'abbé Lançon, curé-doyen d'Arinthod, prêtre distingué, héritier des vertus de ses parents et bien digne de la constante affection de son premier maître. C'est lui qui m'a fourni les renseignements particuliers relatifs à l'apostolat dans les montagnes de St-Lupicin.

Des éloges doivent être aussi adressés à la religion de quelques familles et à la bienveillante hospitalité qu'elles offrirent aux prêtres persécutés. Je regrette de ne pouvoir citer que les Gerard, de *St-Lupicin*, Mayet, *de Champier*, Tournier, *de Lavans*, Vincent, *du Lac d'Antre*.

M. l'abbé Gerard, chanoine de St-Claude, est redevable de son éducation à M. Perrodin, M. l'abbé

Vincent fut initié par lui aux éléments des langues française et latine. M. Perrodin célébra quelquefois dans la maison des Mayet, de Champier, parents de l'ancien vicaire et curé d'Epy et de M. C. Mayet, digne curé de Ruffey. Un jour qu'il était réfugié dans cette honorable maison, les émissaires de la révolution, toujours à la chasse des prêtres, pensaient le saisir ; mais il leur échappa simplement caché dans une touffe de buis, derrière la maison.

Une mention particulière est due ici à Claire-Simone Delatour, veuve Barondel, pour sa foi et son attachement à l'Eglise catholique, pour son courage et son dévouement aux missionnaires. Elle pourvoyait à leurs besoins, elle les conduisait auprès des malades qui réclamaient leur ministère ; elle fit le voyage à Fribourg pour porter des secours aux exilés et pour avoir de leurs nouvelles.

VIII

Séjour dans sa famille.

La nature, chez M. Perrodin, aurait fini par succomber aux privations, aux chagrins de l'exil, aux fatigues de l'apostolat, si des personnes qui s'intéressaient à lui, touchées de son état, ne l'eussent engagé à se retirer dans sa famille. Il céda à ce conseil, parce que le retour de quelques confrères rendait sa présence moins nécessaire à St-Lupicin et dans la circonscription. Ses deux frères le reçurent avec joie : ils lui avaient préparé un modeste logement dans lequel était pratiquée une cachette aussi simple qu'ingénieuse où il se retirait lorsqu'on craignait quelque surprise. Il offrait le saint sacrifice de la messe dans sa chambre sur un autel improvisé pourvu du strict nécessaire. Dès que la messe était dite, tout était enlevé et caché avec soin.

L'industrieuse vigilance de sa famille qui jouissait de l'estime et de l'affection générale, le bon esprit de ses compatriotes lui assurèrent une certaine tranquillité qui lui permit de faire encore beaucoup de bien. Il donnait à son tour l'hospitalité à plusieurs de ses confrères missionnaires persécutés comme lui (1) ; il donnait des leçons à ses nombreux neveux, les préparait à la première communion. Dès que sa santé fut un peu rétablie, il reprit ses missions dans les paroisses environnantes que les supérieurs avaient confiées à son zèle. Il partageait les travaux du digne M. Mayet, vicaire de la paroisse ; il l'assista dans les cérémonies de première communion, à la grotte de la Balme-d'Epy.

Cependant, comme une recrudescence de persécution exposait de nouveau ses jours et compromettait ses frères, il alla chercher dans les forêts, parmi les bêtes sauvages, une retraite que ne pouvaient plus lui donner les hommes. *Egentes, afflicti... quibus dignus non erat mundus : in solitudinibus errantes, in montibus et speluncis, et in cavernis terræ.* (H. II, 38). Il se réfugia avec M. Mayet et deux autres confrères sur la montagne de Nivigne, à la grotte de l'*Ours*. Il est difficile de se figurer toutes les privations qu'ils eurent à endurer dans cette caverne, sur la terre humide et

(1) Les prêtres qui le visitaient souvent à Tarcia étaient : MM. Durand, vic. gén., Genevey, décédé supérieur du séminaire de Lons-le-Saunier, Fumey, saint prêtre, décédé curé de Cuiseaux, Guillaumot, décédé archiprêtre de Belley, Darlay, décédé doyen du chapitre de Belley, les deux frères Decœur, de Saint-Julien, Panisset, décédé curé de Simandre, Brun, décédé curé d'Arnans, Mayet, vicaire de la paroisse, etc. Tous ces apôtres avaient été obligés de prendre des noms d'emprunt pour dépister les agents de la Révolution.

froide. Les longues heures du jour étaient partagées entre la prière et la confection de quelques petits ouvrages en bois. Oh ! comme ils priaient pour la France et leurs persécuteurs ! Quelques personnes qui savaient leur refuge, leur faisaient porter, de temps en temps, de la nourriture ; souvent ils en manquaient. Il arriva qu'ils furent pendant trois jours sans autres aliments que les feuilles des arbres et les racines de la forêt. Mais le Dieu qui pourvoyait à la vie de S. Paul, ermite, conduisit jusqu'à leur caverne le domestique de Madame de Bohan, de Meillonnas, qui portait des vivres à Epy, et qui s'étant égaré par un brouillard très-épais, arriva au milieu d'eux sans s'en douter. La mère de M. Gromier, de Coligny, exerçait aussi une pieuse et bienveillante hospitalité envers les prêtres persécutés : elle mérite une mention honorable, ainsi que son fils aîné, M. Aimé Gromier.

IX

Pressiat.

Nous voici en l'an VIII de la République ; le 18e siècle expire et s'ensevelit sous ses ruines avec ses crimes ; le furieux orage qui bouleverse la France depuis dix ans apaise sa violence ; le calme semble se faire. Il n'est cependant pas encore permis aux prêtres catholiques de faire les fonctions ecclésiastiques dans les églises. Néanmoins M. C.-J. Chambard, maire de Pressiat, qui avait apprécié les qualités de M. Perrodin lorsqu'il débutait dans la carrière sacerdotale, le pria de se fixer dans cette petite paroisse. Cette demande est trop conforme à ses goûts, ce poste est trop en rapport avec sa modestie pour refuser. Du reste, là comme partout, tout était à refaire, et il brûlait d'arracher ce peuple à l'erreur et au schisme. Le curé, M. Mermet, qui avait été son professeur de philosophie, avait prêté le serment d'apostasie à Pressiat même, devant Albitte, représentant de la République à Bourg, et s'était marié (1). Retiré à St-

(1) Voir aux notes.

Claude, sa patrie, les remords déchirants de sa conscience le conduisirent auprès des préposés, c'est-à-dire les vicaires-généraux de St-Claude, et il se rétracta entre leurs mains : c'était avant l'incendie de cette ville. Cette rétractation fut retirée toute noire d'une maison en feu et rendue aux préposés. M. Perrodin la demanda à ces MM. qui la lui envoyèrent : il en fit lecture au peuple, un dimanche après vêpres. Auparavant il n'y avait pas un catholique dans cette paroisse ; depuis, grand nombre rentrèrent dans le sein de l'Eglise.

Ainsi, tout allait au gré du pasteur et des paroissiens, lorsque le préfet de l'Ain, M. Ant. Ozun, averti qu'un prêtre insermenté exerçait publiquement le culte religieux à Pressiat, écrivit au maire qu'il eût à exiger, de la part de ce prêtre, le serment à la Constitution, ou à lui interdire toute pratique de son ministère. Le maire, un peu confus, va faire connaître à M. Perrodin les ordres de la préfecture et l'engager à s'y soumettre. Mais le prêtre répondit fièrement : « Quoi ! j'aurais subi la persécution et l'exil pour venir ici commettre cette lâcheté ! oh ! non, jamais ! » Le bruit de ce refus formel se répandit vite dans le village, et grand fut l'émoi de toute la population lorsqu'elle connut le danger qu'elle courait de perdre ce bon prêtre auquel elle s'était déjà si fortement attachée. L'amour qu'elle lui portait et le désir qu'elle avait de le conserver lui inspirèrent une ruse : « Répondez, criait-on au maire, répondez que notre curé a fait tout ce qu'on lui a demandé : on s'en rapportera à votre parole, et nous garderons parmi nous cet homme de Dieu. » Cet avis fut suivi et eut tout le succès qu'on en attendait. Bien entendu, le bon curé ignorait cet artifice ; car il eut vivement protesté contre ce semblant d'infidélité et d'apostasie. Néanmoins, cet expédient, en le laissant en paix, lui assura les moyens d'exercer sa mission.

M. Perrodin célébra la première messe, après la Terreur, dans l'église paroissiale de Pressiat, le premier dimanche de l'Avent an IX (1800).

1801. — Enfin la Révolution venait de finir ; les temples se rouvraient ; un concordat avait réconcilié la France avec l'Eglise ; une ère d'espérance et de bonheur semblait se lever sur la patrie. Mais les prêtres, revenus de l'exil, avaient bien des larmes à verser en songeant à ce qu'ils avaient vu et à ce qu'ils voyaient. Comme ces anciens d'Israël qui ne pouvaient, sans pleurer, comparer le nouveau temple de Jérusalem à celui qu'ils avaient vu détruire, leur mémoire se reportait douloureusement aux jours religieux de la France. La Révolution avait été un de ces effroyables scandales dont le souvenir ne s'efface pas. Quelles brèches aux croyances, aux mœurs antiques, à la simplicité, à la morale ! Dix ans sans culte public, sans cérémonies religieuses, sans enseignement chrétien, sans prêtres, sans Dieu ! Dix ans sans premières communions, sans sacrements ! Dix ans de mariages purement civils ou contractés devant des intrus ! Dix ans de gouvernement athée ! c'était ces brèches qu'il fallait réparer.

Il sera impossible aux générations futures, comme il est déjà bien difficile à la génération actuelle de se figurer quelle carrière s'ouvrait pour ces prêtres qui allaient relever les murs de cette autre Jérusalem. La tâche des premiers fondateurs de la foi fut grande ; celle de ceux-là l'était davantage. Car, il est plus difficile de ramener un peuple égaré que de convertir un peuple infidèle. Le paganisme est un ennemi moins redoutable que l'athéisme : les passions entées sur l'ignorance se déracinent plus aisément que celles qui sont fondées sur la malice haineuse. Que de fatigues attendaient ces nouveaux apôtres de la foi ! quelle prudence il leur fallait ! Mais aussi que d'émotions, que de consolations les attendaient ! Comprend-on aujourd'hui le spectacle que présentaient ces pauvres églises rendues au culte, les premières fois que les prêtres fidèles, revenus de l'exil et échappés miraculeusement à l'échafaud, montaient au saint autel, ou dans la chaire sacrée pour y faire entendre une voix, un langage que depuis longtemps l'écho avait désappris ! Des larmes, de douces larmes coulaient de tous les yeux, surtout lorsque dans ces pieuses réunions on voyait quelques farouches républicains, quelques terroristes revenir chanter les louanges de Dieu qu'ils avaient blasphémé, et vénérer ces mêmes saints dont ils se flattaient naguère d'avoir brûlé les reliques ou *déniché* les images, demander la vie pour leurs âmes à ces prêtres qu'ils avaient voulu égorger ! C'étaient de beaux jours que ceux-là, seule récompense sur la terre des jours de deuil, de chagrins, d'exil et de persécution.

M. Perrodin comprend la part qui lui échoit dans ce grand travail de régénération spirituelle : il l'accepte avec courage, disposé à la remplir avec ardeur ; il se met à l'œuvre que lui confie la Providence. En s'acquittant de tous les devoirs du bon curé, il jette ses regards autour de lui ; il aperçoit avec douleur les rangs dégarnis du sacerdoce. Comprenant qu'une des œuvres les plus saintes et les plus utiles à l'Eglise est de faire éclore des vocations, d'en cultiver et d'en développer les germes, il recueille çà et là, au sein des familles qui avaient servi la foi pendant les jours de persécution, une troupe de jeunes gens qu'il rassemble dans son presbytère délabré, pour former le noyau du futur clergé, et les prépare, en grande hâte, à remplir les vides faits par la révolution. Après les avoir initiés aux premiers éléments des langues française et latine, il les envoie dans des maisons d'éducation ecclésiastiques, Meximieux, Arinthod, l'Argentière. La religion lui doit dix-huit prêtres formés par ses soins et sous son influence.

Combien d'autres jeunes gens élevés par lui, sont devenus d'honnêtes citoyens, de solides chrétiens et de bons pères de famille ! Pendant près de vingt ans, il fit marcher de front les fonctions si variées et si pénibles de pasteur et de professeur sans que jamais les besoins de sa paroisse fussent en souffrance aux yeux de la religion, ce n'est pas là le fleuron le moins précieux de sa couronne.

X

Courmangoux.

Tant de mérites et de vertus désignaient M. Perrodin à ses supérieurs pour des postes plus importants; sa modestie les refusa, entr'autres Septmoncel. Cependant la paroisse de Pressiat qui faisait partie du diocèse de Saint-Claude, avant la Révolution, en fut détachée à l'époque du Concordat de 1801 pour être annexée au vaste diocèse de Lyon, comme tout le département de l'Ain. Alors l'administration de Lyon le nomma curé de Courmangoux-Pressiat. Il accepta cette combinaison d'autant plus volontiers que son amour pour l'orthodoxie était plus satisfait. Il lui répugnait de rentrer dans le diocèse de St-Claude réuni à celui de Besançon et administré par l'évêque constitutionnel Lecoz. C'était en 1810; il succédait à M. Decœur, cadet, nommé à Bolozon.

Pendant les quatorze ans qu'il desservit cette paroisse, ce saint prêtre l'édifia constamment par une foi forte et généreuse, un zèle également vif et prudent, une piété tendre et affectueuse. La bonté, la douceur, la fermeté quand le devoir l'exigeait, l'affabilité, la bienveillance, une tolérance sage et discrète telle que la recommande l'Evangile, une grande charité pour tous, un grand amour de l'ordre et de la paix, une antipathie pour la discorde et la chicane, formaient en lui une heureuse alliance qui était comme le fond de son être. Aussi ne faut-il pas s'étonner qu'avec des qualités qui prédisposaient en sa faveur, il ait rencontré de si vives sympathies, il se soit attaché tous les cœurs.

Une de ses œuvres de prédilection, en continuant à former des jeunes gens pour le sanctuaire, était de ramener à l'Eglise et au devoir ces pauvres prêtres que la faiblesse et la frayeur avaient jetés dans l'erreur et l'égarement. Il eut le bonheur d'en gagner un grand nombre et de les remettre dans la bonne voie. Tout le reste de sa vie, il loua Dieu et se félicita de cette œuvre de charité par excellence.

Il eut aussi la consolation de voir disparaître les dernières traces du schisme qui divisait encore son troupeau et de recevoir dans ses bras les quelques partisans du curé constitutionnel. Celui-ci, quoique d'un caractère bon et pacifique, avait entravé par sa présence le zèle des missionnaires et avait nui au retour à la religion. Ce fut alors que, dévoré du zèle de la maison de Dieu, il s'occupa de réparer les ruines de son église. Il sut trouver auprès de ses paroissiens des ressources pour relever le clocher tombé sous le marteau révolutionnaire d'Albitte, remplacer les cloches données à la République pour faire des canons, décorer la chapelle de la Ste Vierge, revêtir le chœur d'une belle boiserie, construire une sacristie, etc...

Pour toutes ces œuvres, il fut généreusement aidé par une famille que l'on a toujours trouvé au premier rang dans les œuvres de charité et de religion, M. et Mme du Marché.

Il trouva aussi de l'appui, des consolations et des sympathies dans les familles Game, Roserat, Tournier, Vuillot. Celle-ci a donné à l'Eglise trois prêtres dont il fut le premier maître ; l'un d'eux est M. le supérieur du séminaire, vicaire-général du diocèse.

Pendant qu'il travaillait à toutes ces bonnes œuvres et faisait renaître la piété avec les pratiques religieuses dans cette paroisse, l'autorité diocésaine le nomma successivement aux cures de canton d'Izernore, d'Oyonnaz, de Pont-d'Ain, que son humilité profonde lui fit refuser. Il aimait ses paisibles et bons paroissiens, et il en était aimé. Ce n'est qu'à l'arrivée de Mgr Devie dans le diocèse de Belley qu'il fût contraint de les abandonner. Sa modestie fut obligée de céder aux ordres du prélat qui l'appelait à la cure de Coligny. En s'éloignant de sa chère paroisse, il avait la consolation de la confier à la piété et à la sollicitude de son neveu, M. Thomas Perrodin, curé de Villemotier, qui avait longtemps partagé ses travaux en qualité de vicaire et de professeur.

XI

Coligny.

La réputation de M. Perrodin était bien connue à Coligny : on savait ses travaux, ses combats, ses souffrances, ses vertus, ses qualités. Aussi sa nomination fut une fête publique. Quel touchant spectacle de voir à l'autel ce vieillard ému, ayant à ses côtés ses deux neveux en qualité de diacre et de sous-diacre, au milieu d'une assistance religieuse et attendrie ! Un banquet qui réunissait toutes les autorités et les notabilités de l'endroit, lui fut offert à la mairie. Des discours, des couplets célébraient sa bienvenue et témoignaient du respect et de la vénération de tous pour le nouveau pasteur. Le bon prêtre répondait à ses flatteuses expansions par de douces larmes et par l'assurance de son affection la plus tendre et de son dévouement le plus généreux.

En effet, de ce jour, comme par le passé, il ne vécut plus que pour prier, exhorter, consoler, bénir, sanctifier.

Les institutions précieuses que sa foi et sa charité

ont fondées, soutenues, encouragées, pendant les dernières années de sa vie, vivront longtemps dans cette paroisse et y maintiendront la foi et la piété : il commença par une mission solennelle à l'occasion du jubilé universel de 1826 ; elle obtint un véritable succès dont son cœur était heureux. Puis vinrent les congrégations pieuses, les sociétés charitables, les écoles, les asiles, la visite des malades, l'assistance des indigents, œuvres de toute nature pour la gloire de Dieu et le bonheur de ses chers paroissiens.

Comment ne pas dire un mot de ce zèle de la maison de Dieu qui le dévorait? Et comment dire ce qu'il a fait, ce qu'il désirait faire pour son église à laquelle il avait été uni et qu'il aimait avec la tendresse de l'époux? Son orgueil, sa joie, son bonheur, sa consolation était de travailler à l'orner, à l'embellir, à faire disparaître les dernières traces du vandalisme de 93, à relever les pompes du culte, et lui donner tout ce qui peut plus puissamment toucher les cœurs et les porter à Dieu. Une des grandes jouissances de la fin de sa vie fut de voir son digne vicaire, M. Magaud, préparer comme il l'avait fait lui-même bien longtemps, plusieurs jeunes gens à l'état ecclésiastique et s'en servir pour rehausser les cérémonies du culte.

La Révolution de 1830 fut hostile à la religion. Coligny, malgré son esprit religieux, ne fut pas exempt de la commotion. Les calomnies les plus absurdes et les plus odieuses y furent accréditées : *les prêtres tramaient des complots ; on les avait vus, dans les bois de la Ville-sous-Charmoux, tenir la synagogue ; ils donnaient de l'argent pour les armées étrangères ; ils faisaient l'exercice ; ils accaparaient le blé, empoisonnaient les sources, etc., etc.* C'était au point qu'il eût été imprudent pour les prêtres du canton de paraître plusieurs ensemble à la cure. Mais le vénérable curé fut toujours respecté, tant sa bonté et ses vertus le mettaient à l'abri de ces ridicules soupçons : chacun se serait fait sa caution et son protecteur.

Mgr Devie, de sainte mémoire, évêque de Belley, pour récompenser ses services, le fit nommer curé de première classe et le promut à la dignité de chanoine honoraire de sa cathédrale.

Avant de terminer sa longue et glorieuse carrière, M. Perrodin eut la consolation que la Providence réserve à un bien petit nombre de prêtres, celle de célébrer le cinquantième anniversaire de son sacerdoce. Il y avait six ans qu'il retardait cette cérémonie ; enfin elle eut lieu le 24 avril 1844.

Assurément, c'est un spectacle touchant de voir un jeune prêtre monter pour la première fois à l'autel et appeler sur son ministère qui commence les bénédictions du ciel qui fécondent. Mais, c'en est un bien plus solennel, plus attendrissant encore, quand, après un demi-siècle de labeur et de dévouement aux âmes, ce même prêtre vient rendre grâces des années de son sacerdoce au Dieu qui a réjoui sa jeunesse.

Dans cette circonstance, cette cérémonie avait un cachet particulier ; c'était un prêtre échappé comme par miracle aux orages et aux dangers de la Révolution, un prêtre dont la vie fut un labeur sans relâche, un exercice non interrompu des saintes fonctions de son ministère, un prêtre qui avait formé un nombreux clergé. Aussi l'intérêt devint général : fidèles, pasteurs, parents, amis, animés de sentiments unanimes et spontanés, accoururent en foule autour du vénérable vieillard pour l'accompagner à l'autel du Dieu qui voulait répandre sur ces derniers jours de nouvelles bénédictions.

Ici je vais transcrire la narration de cette fête, insérée au registre des délibérations de la Fabrique de Coligny.

« Si c'est un spectacle dont la foi du chrétien s'émeut que celui du jeune prêtre, entre les mains duquel un Dieu s'incarne pour la première fois, il n'est pas moins beau ni moins sublime de voir ce même prêtre, arrivé aux confins de la carrière qu'il a saintement et glorieusement parcourue, venir rendre grâce à Dieu des cinquante années de travaux, dont il lui a plu ennoblir sa longue vie.

Hier, nos cœurs, le cœur de tous les habitants de Coligny, s'étreignaient sous les impressions de joie, d'enthousiasme religieux et calme, excitées par un tel spectacle : le saint vieillard, que le ciel leur a donné pour père, était amené au temple, pour y célébrer la cinquante-sixième année de son sacerdoce.

Dès la veille, des décharges de boîtes, mêlées au bruit des tambours et des cloches, avaient jeté dans le pays ce joyeux et sympathique émoi, avant-coureur des grandes solennités. A huit heures, les nombreux enfants de chœur de la paroisse, cinquante prêtres environ des diocèses de Belley et de St-Claude, presque tous ses parents ou ses élèves, venus pour rendre hommage à la haute vertu du digne prêtre, traversent les rangs de la belle compagnie des sapeurs-pompiers et les groupes d'un peuple nombreux, qui couvraient les abords de l'église et du presbytère. Il y eut un moment d'indicible émotion, celui où le vénérable prêtre, attendri lui-même, parut, assisté de ses deux neveux lui servant de diacre et sous-diacre, aux regards de la multitude qu'un saint respect rendait muette. Le cortége se mit en marche, au chant du *Veni, Creator*, auquel succéda quand on eut franchi le seuil de la maison de Dieu, la douce harmonie de l'orgue touché par une main d'artiste aussi savante que pieuse et désintéressée (M. Gerbe).

La messe commença, accompagnée d'une pompe que ne surpasse point celle de nos cathédrales aux jours de leurs plus éclatantes solennités. Après l'Evangile, de nouvelles émotions furent soulevées par la parole pénétrante de M. Vuillod, directeur du grand séminaire, qui a voulu payer en ce jour, le tribut de sa reconnaissance à celui qui fut son premier maître dans les lettres et son père dans la foi. Puis vint le moment auguste de la consécration, le moment où offrant encore, pour le salut de son troupeau, la victime qui réconcilie le monde, le bon pasteur mêlait au sang de J. C. les larmes de son attendrissement. Il semblait alors que tous les fronts s'inclinaient avec plus de respect, d'amour et de foi, pendant que les graves tintements de la cloche s'harmoniaient avec les suaves accents de l'orgue et qu'au roulement des tambours répondait une salve de boîtes. Cependant tout le temps que dura le saint sacrifice, les regards de la foule paraissaient moins s'intéresser à cet appareil splendide et inconnu de nos cérémonies, à cette majestueuse réunion de prêtres, à ce concours si louable et si imposant des autorités civiles et militaires qu'au noble vieillard, courbé sous le poids des fatigues de son apostolat, parvenu en face des rivages de l'éternité et bénissant encore une fois de ses mains défaillantes le peuple qui le chérit comme un père et l'honore comme l'ange de toutes les vertus.

Le lendemain de cette solennité dont les habitants de Coligny ne perdront jamais le touchant souvenir, le corps entier des pompiers dans son brillant uniforme et la brigade de gendarmerie, se dirigeaient vers la demeure du vénérable pasteur, qui, pour témoigner de sa reconnaissance, les réunissait tous à un banquet de famille. »

Le grand âge et les infirmités de ce digne vieillard ne lui permettaient plus de faire des instructions en règle ; mais il ne se trouvait pas pour cela dispensé du ministère de la parole. « Notre Seigneur, me di-
« sait-il un jour, a donné aux pasteurs la mission
« d'enseigner : *Euntes ergo, docete*, c'est là une de
« nos graves et importantes obligations. Je ne puis
« plus prêcher ; cependant, pour remplir autant
« qu'il est en moi cette loi du divin Maître, je me fais
« remplacer toutes les fois que j'en trouve l'occasion.
« C'est te dire que demain tu prêcheras en mon lieu
« et place. »

C'est donc par le sentiment et pour l'acquit de ce devoir de la charge pastorale qu'il a fait donner plusieurs missions et plusieurs retraites à sa chère paroisse de Coligny.

Un jour, de jeunes fiancés prévinrent qu'ils se disposaient à la réception du sacrement de mariage : M. le curé s'enquit avec scrupule s'il n'y avait pas d'empêchement à cette union. D'après la réponse négative, au jour venu, on procède à la célébration. Au sortir de l'église les époux dirent aux gens de la noce : « *Tout de même nous voilà mariés et le curé n'y a vu que du bleu : Nous sommes parents du troisième au quatrième degré.* » Ce propos ne tarda pas d'arriver aux oreilles du bon curé et lui causa la plus grande affliction. Aussitôt il se rend à la demeure conjugale ; on était au milieu du repas, la joie devenait bruyante. Grand fut l'étonnement de voir apparaître ce vénérable vieillard au sein de cette réunion. Après quelques bonnes paroles amicales prononcées avec cette affabilité qui le caractérisait : « Mes amis, dit-il, vous n'avez, sans doute, pas compris la gravité et la conséquence de ce que vous faisiez en trompant l'Eglise : Votre mariage est nul ; vous n'êtes pas mariés. Mais je compte sur votre religion et votre conscience ; je suis sûr que vous ne voudrez pas d'une union incestueuse et illégitime. » Quelqu'un souriait dans son coin et croyait de prendre la parole ; mais l'attitude imposante du respectable curé lui imposa silence, et bientôt toute l'assistance s'écria : « M. le Curé a raison ; il faut l'écouter et ne pas désobéir à l'Eglise. » — Sur le champ on prend les moyens pour réhabiliter et valider ce mariage.

XII

Portrait.

M. Perrodin, digne représentant de cet ancien clergé de France dont la mémoire et les vertus doivent être à jamais chères et glorieuses, était d'une taille haute et droite, d'un port majestueux; il avait les traits bien prononcés, l'air modeste et grave; son caractère était ouvert, franc, ferme, toujours uniforme; il était ami de la gaieté et de la bonne plaisanterie qui flattent l'esprit sans blesser la charité. Il possédait les délicatesses du cœur; il avait non la politesse froide et maniérée des gens du monde, mais cette politesse pleine de charité cordiale qui met chacun à son aise.

La foi est le fondement de toutes les vertus : aussi c'est la foi qui produisit et fortifia chez notre digne curé les vertus sacerdotales dont il fut le modèle. C'est de son esprit de foi que naissait son zèle ardent de la gloire de Dieu et de la sanctification des âmes, ce grand amour qu'il avait pour les enfants. C'est cet esprit de foi qui lui inspirait un profond respect pour toutes les choses consacrées à Dieu, l'eau bénite, le pain bénit, cette vénération pour les églises. La foi vive qu'il avait de la présence réelle se montrait surtout à l'autel : chaque fois qu'il donnait la sainte communion, il récitait les actes, il les prononçait d'un ton de voix si pénétrant et si attendri qu'on aurait cru qu'il voyait N.-S. J.-C. et que le divin Sauveur n'était pas un Dieu caché pour lui.

Enfin, sa piété si tendre, sa régularité si exemplaire prenaient leur source dans la haute idée qu'il avait du sacerdoce; le prêtre lui semblait un homme d'une autre nature que les autres. De là cette tenue, cette décence admirable dans le maintien, cette inébranlable conformité aux saints canons pour le costume et les habitudes cléricales; ce respect profond pour tout ce qui a reçu la bénédiction sacerdotale, cette sévérité contre le tutoiement des prêtres entre eux et de la part de leurs parents les plus proches.

On devine que ce bon prêtre avait, pour la Mère de Dieu, cette tendre, cette solide piété, qui selon la doctrine des Saints-Pères, est une marque de prédestination. Comme il était jaloux de parler de Marie et de lui faire des conquêtes! Comme il était fidèle aux pratiques connues pour lui témoigner son amour et mériter sa protection! Il n'aurait pu passer un seul jour sans réciter le chapelet. « Le chapelet et le scapulaire, disait-il, sont des armes qui nous protégent contre le démon et les accidents. » Que j'ai été édifié de le voir, au premier son de la cloche, en quelque lieu qu'il fût, se lever même de table, pour se mettre à genoux et réciter l'*Angelus*, y ajouter sept *Pater* et sept *Ave* en l'honneur de N.-D. des Douleurs!

Mais une vertu qui l'honore, pour ainsi dire, par-dessus toutes les autres, qui n'a échappé aux regards de personne, et que sa modestie n'a pu tenir tellement secrète qu'elle n'ait jeté de temps et temps de vifs éclats, c'est son désintéressement, son amour pour les pauvres. Son ambition ne fut point d'acquérir les biens de la terre, mais d'apaiser la faim et d'étancher la soif de ceux qu'il appelait ses enfants. Si quelquefois il a regretté de manquer de fortune, d'être pauvre, c'était parce qu'il ne pouvait adoucir tous les maux qu'il aurait voulu soulager. Il me semble encore le voir tous les dimanches, après la messe, faire sa petite distribution d'aumônes aux pauvres de la paroisse et des environs rangés sur une ligne, souvent sur deux, depuis la porte de l'église à celle du presbytère, donnant à chacun son mot d'encouragement? Touchant spectacle! Il allait ensuite prendre sa réfection avec plaisir parce qu'il avait versé sa bourse dans la main des malheureux! La reconnaissance de ceux-ci a parlé et le public a compris pourquoi ce vieillard de plus de quatre-vingts-trois ans est mort les mains plus vides de biens qu'elles ne l'étaient au début de son sacerdoce, et pourquoi il a laissé des dettes!

XIII

Mort, Funérailles.

Mais le moment était venu où allait se terminer cette vie, à la vérité bien éprouvée, bien fatiguée, mais pleine de jours et de mérites. On était au mois de février : malgré la rigueur de l'hiver, M. Perrodin voulait dire la messe tous les jours. Pour la dernière fois, il monta à l'autel le 15 février. Le froid le saisit; il se mit au lit pour ne plus se relever... La mort ne le surprit pas ; il s'y était préparé toute sa vie. La patience et la résignation ont été les vertus de ses derniers moments. Il se disposa, avec la piété la plus vive, à recevoir les derniers sacrements. Il était habituellement en prières, baisant le Christ, invoquant les noms de Jésus, Marie, Joseph. Sa mort fut l'écho de sa vie : muni dans son lit de son chapelet, il passait son temps à prier.

Cependant la crainte de sa fin prochaine se répandit dans la paroisse. Alors les visites se multiplièrent au presbytère: chacun voulut voir encore une fois le bon prêtre, entendre ses dernières instructions, recevoir une dernière bénédiction de ses mains qui ne s'étaient ouvertes que pour bénir et répandre des bienfaits.

Toujours bon et accessible à tous, malgré ses fatigues et ses souffrances, le vénérable pasteur recevait tous ceux qui se présentaient; il les accueillait le sourire sur les lèvres; il savait même trouver des paroles gracieuses, empreintes de cette charité sacerdotale qui ne se refroidit pas dans son cœur. Rien de plus touchant que le spectacle qu'offrit le presbytère de Coligny pendant les six jours que dura sa maladie. C'était un concours incessant des personnes les plus respectables du pays qui venaient faire leurs derniers adieux à leur digne curé. Pour lui, il était joyeux de se voir aimé et vénéré de ceux qu'il avait tant aimés et pour lesquels il avait tant prié. Jusqu'à son dernier soupir il se souvint qu'il était pasteur et il en remplit les devoirs: Cependant parmi ceux qui venaient recevoir ses adieux quatre notables de la paroisse n'accomplissaient pas les devoirs religieux; il recueille toutes ses forces et leur dit: « Messieurs, je vous remercie de votre « visite: permettez que j'en profite pour vous dire « une dernière fois la vérité.... Je suis à la fin de ma « carrière; qu'est-ce que la plus longue vie en com« paraison de l'éternité où je vais entrer?... J'ai « gardé la foi; j'ai combattu le bon combat... Je ne « suis cependant pas sans crainte?. . Et vous, Mes« sieurs, qui avez constamment refusé mon ministère, « vous que j'ai la douleur de voir hors de la voie du « salut, tôt ou tard,... bientôt, vous viendrez après « moi... Pouvez-vous être sans frayeur?... Lorsque

« vous paraîtrez devant le Souverain juge je ne pour-
« rai prendre votre défense!... Faudra-t-il que je
« sois votre accusateur? De grâce, écoutez la der-
« nière parole que je vous adresse du bord de ma
« tombe entr'ouverte : Ne risquez pas votre éternité...
« Je vous bénis : Je prie Dieu de vous accorder une
« bonne mort. »

Ses dernières pensées comme ses derniers vœux ont été pour ses enfants. Connaissant les talents, les vertus et le mérite de son digne vicaire, M. P. Magaud, persuadé d'être l'interprète du désir des habitants de la paroisse, il le demanda pour successeur. Enfin, M. Claude Perrodin, succombant à ses douleurs, rendait son âme à Dieu le 22 février 1845, à 2 h. 1/2 du matin, âgé de 82 ans, 7 mois, 8 jours.

Ses paroissiens lui firent des funérailles aussi magnifiques que le comportaient les ressources de leur localité. Trente-deux ecclésiastiques en habit de chœur, les autorités locales, le corps des pompiers au complet, la population tout entière de la paroisse, une foule immense accourue des paroisses voisines, tel était le cortège funèbre qui accompagnait cet homme juste au champ du repos; c'étaient les funérailles d'un père suivi par ses enfants : ses bonnes œuvres l'avaient déjà précédé au tribunal de Dieu.

Nous, ses neveux, conservons, avec son souvenir, les traditions de ses exemples; profitons des leçons données dans sa vie et dans sa mort.

NOTES

Note A.

La famille Perrodin, autrefois Perraudin, est bien ancienne; elle est originaire d'Orgen, hameau de Coligny où elle possédait et cultivait un beau domaine appelé avant le XVe siècle, *Maix* ou *Mas* Perrodin.

Perrodin est peut-être le nom de ce domaine qui est devenu le nom propre de ses possesseurs.

Il y a à Saint-James, en Normandie, et dans la Bretagne, de nombreuses familles de Perrodin. Ces derniers disent tirer leur origine de la Bresse.

Il y a aussi beaucoup de Perrodin à St.-Maurice en Valais, Suisse. — Ces diverses familles du même nom ont-elles une commune origine ? Rien ne le prouve, rien n'empêche de le croire.

Les Perrodin d'Orgen ont formé dans le XVIIe siècle trois branches distinctes, celle d'Orgen qui s'est éteinte en 1856, celle de Tarcia et celle de Marboz. Ces deux dernières forment anjourd'hui de nombreux rameaux dans les départements de l'Ain et du Jura, à Paris et en Amérique. Elles ont donné à l'Eglise *dix-sept* prêtres dont voici la liste daus l'ordre de leur naissance :

BRANCHE DE TARCIA.

MM. Claude Perrodin, né le 14 juin 1762, décédé curé de Coligny le 22 février 1845.

Taurin Perrodin, né le 16 mars 1764, décédé curé de Digna en 1844.

Anselme Perrodin, né le 29 avril 1780, curé de Meillonnas.

Thomas Perrodin, né le 29 décembre 1786, décédé curé de Courmangoux, 1859.

Augustin Perrodin, né le 6 septembre 1800, aumônier à l'hôpital de Dole.

Jean-Baptiste Perrodin, né le 20 janvier 1803, décédé curé de Giziat, 1862.

Jules-César Perrodin, né le 5 février 1806, supérieur des Frères-de-Marie, à Bordeaux.

Joseph Perrodin, né le 18 mars 1809, curé de Rillieu.

Théodore Perrodin, né le 29 février 1816, décédé curé de St.-Aubin, 1866.

Jean-Théodore Perrodin, né le 5 février 1826, décédé curé de Sermange, 1871.

Adolphe-César-Auguste Perrodin, né le 24 juin 1836, Père-de-Marie, à Besançon.

Joseph-Adolphe Perrodin, né le 22 mars 1847, professeur à Ferney.

M. l'abbé Jules Noël, curé de St.-Julien, Jura, appartient par sa mère à cette famille.

BRANCHE DE MARBOZ.

MM. Denis Perrodin, né en 1785, décédé supérieur du séminaire de Bourg, vicaire-général du diocèse, en 1852.

Denis-Joseph Perrodin, né en 1789, curé de Ramasse, décédé en 1866.

Jean Perrodin, né en 1814, curé-missionnaire en Amérique.

La famille Perrodin de Normandie a aussi fourni son contingent au sacerdoce : un M. René Perrodin était vicaire à St.-James, en 1600.

Neuf filles Perrodin ont pris l'habit religieux dans diverses congrégations.

Les Perrodin de Tarcia eurent droit de sépulture dans l'église d'Epy, jusqu'à la grande Révolution. Les vieux registres disent : ..... *N..... a été enséputuré dans la nef de l'église en leur place accoutumée.*

NOTE B.

Voici la formule d'abjuration demandée par Albitte, Représentant de la République à Bourg :

« Je soussigné... âgé de... commune... département...
« faisant métier de prêtre, convaincu des erreurs, par
« moi trop longtemps professées, déclare en présence
« des autorités y renoncer à jamais, déclare également
« renoncer, abdiquer et reconnaître comme fausseté, il-
« lusion, imposture, tout prétendu caractère, toutes fonc-
« tions de prêtrise, dont j'atteste déposer sur le bureau
« les brevets, titres et lettres. Je jure, en conséquence,
« en face des magistrats du peuple, duquel je reconnais
« la toute-puissance et la souveraineté, de ne jamais me
« prévaloir du métier sacerdotal auquel je renonce ; de
« maintenir la liberté et l'égalité de toutes mes forces,
« de vivre et de mourir pour l'affermissement de la Ré-
« publique, une, indivisible et démocratique, sous peine
« d'être déclaré infâme, ennemi du peuple et traité
« comme tel. »

TABLE

Pa

Imp. Jules Lançon, à Lons-le-S.

www.ingramcontent.com/pod-product-compliance
Ingram Content Group UK Ltd.
Pitfield, Milton Keynes, MK11 3LW, UK
UKHW031944260826
14628UKWH00004B/1838

9 782014 090833